# 안녕!
# 우리나라는 처음이지?

글 모이라 버터필드 · 그림 해리엇 리나스

LAIKAMI
라이카미

## 안녕! 우리나라는 처음이지?

초판 1쇄 발행 2019년 3월 7일  초판 8쇄 발행 2025년 9월 19일
글 모이라 버터필드  그림 해리엣 리나스  옮김 서지희
펴낸이 변태식  펴낸곳 (주)라이카미
책임편집 강숙희  표지디자인 윤혜린  본문디자인 박가영
총괄 박승열  마케팅사업부 김대성  경영관리부 고혜미
총제작 (주)지에스테크  지류 성진페이퍼

대표전화 02-564-6006  팩스 02-564-8626
주소 서울시 강남구 개포로140길 28 3층
이메일 editor@laikami.com
신고번호 제 2005-000355호  신고일자 2005년 12월 8일
ISBN 979-11-87504-78-8 (73380)

**WELCOME TO MY WORLD**
Text copyright © Moira Butterfield and Illustration copyright © Harriet Lynas 2018
This translation of 'Welcome to my world' is published by arrangement with Nosy Crow Limited.

Korean translation copyright © LAIKAMI 2019
This edition is published by arrangement with Nosy Crow Ltd through Kids Mind Agency, Korea.

이 책의 한국어판 저작권은 키즈마인드 에이전시를 통해 저작권자와 독점 계약한 (주)라이카미에 있습니다.
저작권법에 의해 한국 내에서 보호를 받는 저작물이므로 무단 전재와 복제를 금합니다.
파본은 구입하신 서점에서 교환해 드립니다.

# 안녕! 우리나라는 처음이지?

**글 모이라 버터필드**

영국과 아프리카의 여러 지역을 돌아다니며 어린 시절을 보냈어요.
대학에서 문학을 공부한 뒤 어린이 책을 쓰는 작가가 되었어요.
그리고 여행을 좋아해서 세계의 모든 대륙을 돌아다녔어요.
춥고 미끄러울 것 같은 남극만 빼고 말이지요.
지금은 영국 서머싯주의 바스에 살고 있어요.

**그림 해리엇 리나스**

한국에서 태어나 자랐어요. 어렸을 때부터 낙서하기를 좋아해
일러스트레이터를 꿈꾸었어요. 지금은 어린이 책에 들어갈
그림을 그리며, 가족과 함께 영국의 하트퍼드셔주에 살고 있어요.
그림을 그리지 않을 때는 다른 나라의 음식을
요리하거나 산책하는 것을 즐긴답니다.

알바니아　　호주　　인도네시아　　방글라데시　　부탄　　볼리비아　　보츠와나　　브라질

# 차례

| | | | |
|---|---|---|---|
| **우리는 다를까? 같을까?**<br>나와 다른 듯 같은 친구들의 이야기 | 6-7쪽 | **여기가 우리 학교야!**<br>친구들과 수업을 듣는 학교 | 24-25쪽 |
| **"안녕?"은 이렇게 말해!**<br>친구에게 인사하는 방법 | 8쪽 | **우리는 이런 걸 마셔!**<br>여러 나라의 음료 | 26쪽 |
| **네 이름은 뭐니?**<br>다른 나라 친구들의 이름 | 9쪽 | **신날 때 이렇게 외쳐!**<br>기뻐서 크게 외치는 소리 | 27쪽 |
| **너희는 아침에 무엇을 먹니?**<br>아침에 먹는 음식 | 10-11쪽 | **우리나라의 모자와 신발이야!**<br>전통 모자와 신발 | 28-29쪽 |
| **이곳이 우리 집이야!**<br>다양한 종류의 집 | 12-13쪽 | **우리나라 동물은 이런 소리를 내!**<br>동물이 내는 소리를 표현하는 말 | 30-31쪽 |
| **가족을 이렇게 불러!**<br>가족을 부르는 말 | 14-15쪽 | **이런 악기도 있어!**<br>다양한 재료로 만든 전통 악기 | 32-33쪽 |
| **너희는 어떤 동물을 길러 봤니?**<br>인기 있는 애완동물 | 16-17쪽 | **학교 점심시간에 먹는 거야!**<br>점심에 먹는 음식 | 34-35쪽 |
| **"행복해!"는 이렇게 말해!**<br>기분이 좋을 때 하는 말 | 18-19쪽 | **딸꾹! 딸꾹! 딸꾹!**<br>딸꾹질을 멈추는 방법 | 35쪽 |
| **너희는 학교에 어떻게 가니?**<br>학교 가는 방법 | 20-21쪽 | **이런 재미난 표현 알고 있니?**<br>그 나라에서만 통하는 재미있는 말 | 36-37쪽 |
| **이런 옷을 입고 학교에 가!**<br>학교에 갈 때 입는 옷 | 22-23쪽 | **재채기한 친구에게 이렇게 말해!**<br>재채기에 관한 풍습 | 38쪽 |

프랑스　　그리스　　아이슬란드　　이스라엘　　라트비아　　말라위　　멕시코　　모로코

| 캄보디아 | 캐나다 | 콜롬비아 | 코스타리카 | 체코 | 도미니카 공화국 | 이집트 | 피지 |

| 이가 빠지면 이렇게 해! <br> 빠진 이에 관한 풍습 | 39쪽 |
| --- | --- |
| 이 날은 어린이가 주인공이야! <br> 아이들을 위한 축제 | 40-41쪽 |
| 이런 신기한 이야기 알고 있니? <br> 행운 혹은 불행을 상징하는 것 | 42-43쪽 |
| 너희는 무엇을 가지고 노니? <br> 다양하고 신기한 장난감 | 44-45쪽 |
| 친구들과 이런 놀이를 해! <br> 친구들과 함께하는 신나는 놀이 | 46-47쪽 |
| 이런 맛있는 간식을 먹어! <br> 여러 나라의 케이크와 떡 | 48-49쪽 |
| 어떻게 부르는지 알려 줄게! <br> 알아 두면 좋은 낱말 | 50쪽 |
| 쉽게 배워 볼래? <br> 알아 두면 좋은 표현 | 51쪽 |
| 우리나라에 이런 옷이 있어! <br> 특별한 전통 옷 | 52-53쪽 |
| 생일을 이렇게 축하해 줘! <br> 생일을 축하하는 방법 | 54쪽 |
| 특별한 날 이런 선물을 줘! <br> 여러 나라의 색다른 선물들 | 55쪽 |
| 저녁에 이런 음식을 먹어! <br> 저녁에 먹는 음식 | 56-57쪽 |
| 우리나라에서는 이게 예의야! <br> 다른 나라에서 예의를 지키는 방법 | 58-59쪽 |
| 또 만나! | 60쪽 |
| 잘 가! | 61쪽 |
| 세계 지도 | 62-63쪽 |
| 이 책에 소개된 나라 & 끝! | 64쪽 |

여러분은 어떤 나라가 궁금한가요? 64쪽을 펴 보세요! 이 책에 소개된 나라가 모두 모여 있어요!

| 네팔 | 페루 | 루마니아 | 남아프리카 공화국 | 스페인 | 태국 | 통가 | 베트남 |

# 우리는 다를까? 같을까?
## 나와 다른 듯 같은 친구들의 이야기

우리는 쓰는 언어가 **다르지만**, 말한다는 점에서 **같아요**.

우리는 입는 옷이 **다르지만**, 입는다는 점에서 **같아요**.

우리는 먹는 음식이 **다르지만**, 먹는다는 점에서 **같아요**.

지구상에는 무려 2백여 개의 나라가 있어요.
70억 명이 넘는 사람들이 6천 개 이상의 언어로 이야기하며 다양한 문화 속에서 살아가지요.
만약 모든 나라의 언어와 문화를 소개한 책이 있다면 그 두께는 어마어마할 거예요!

우리는 달라요.

하지만 다른 듯 같아요.

여러분은 이 많고 많은 나라 가운데 어떤 곳이 궁금한가요?
그곳에는 어떤 친구들이 살아가고 있을까요?

이 책에서는 지구 곳곳에 사는 친구들이 여러분에게 인사를 건네며 자신의 이야기를 들려주어요.
어떤 옷을 입고, 무엇을 먹고, 친구들과 어떻게 시간을 보내며, 학교에서의 생활은 어떤지 소개하지요.

여러분은 한 장 한 장 넘길 때마다 세계의 다양한 문화와 새로운 언어를 배울 수 있어요.
하지만 이 책을 다 읽고 나면 다른 나라 친구들의 살아가는 모습이
우리와 크게 다르지 않다는 사실을 알게 될 거예요.

왜 그런지 궁금하다고요?

자, 지금부터 다른 나라 친구들이 소개하는 특별한 이야기를 들어 보아요.

# "안녕?"은 이렇게 말해!
## 친구에게 인사하는 방법

다른 나라 말로 인사를 해 볼까요?

몽골어
"세노"

그리스어
"야수"

태국어
"사왓디"

아이슬란드어
"할로"

네팔어
"나마스테"

케추아어
"리마이쿨라이키"

# 네 이름은 뭐니?
## 다른 나라 친구들의 이름

친구들이 자신의 이름을 소개하고 있어요.
"내 이름은 지우야."

"마이 네임 이즈
**엠마**."
캐나다(영어)

"예그 헤이티
**군나르**."
아이슬란드

"예그 헤이티
**크리스틴**."
아이슬란드

"어 네벰
**에스테르**."
헝가리

"마이 네임 이즈
**리암**."
캐나다(영어)

"조벰 세
**아마르**."
보스니아

"와타시노 나마에와
**유이**데스."
일본

"우네 츄헴
**알반**."
알바니아

"엠 디크
**루카스**."
안도라(카탈루냐어)

"우네 츄헴
**에르시**."
알바니아

"조벰 세
**아니마**."
보스니아

"와타시노 나마에와
**하루토**데스."
일본

"즈 마펠르
**아와**."
프랑스

"어 네벰
**아담**."
헝가리

"엠 디크
**라이아**."
안도라(카탈루냐어)

"즈 마펠르
**브라힘**."
프랑스

"메냐 조부트
**아나스타샤**."
러시아

"미 놈브레 에스
**산티아고**."
베네수엘라(스페인어)

"미 놈브레 에스
**이사벨라**."
베네수엘라(스페인어)

"메냐 조부트
**아르툠**."
러시아

# 너희는 아침에 무엇을 먹니?
## 아침에 먹는 음식

다른 나라 친구들은 아침에 무엇을 먹을까요?
가장 맛있어 보이는 음식을 골라 보아요.

### 추로스
스페인에서 먹는 달콤한 밀가루 반죽 튀김이에요.
주로 초콜릿에 찍어 먹어요.

### 시르니키
러시아와 우크라이나에서는 코티지치즈로 만든
달콤하고 둥그런 팬케이크를 먹어요.

### 미소국
일본 된장으로 만든 짭짜래한 국이에요.

### 포
닭고기나 소고기 육수에 말아 먹는 베트남 국수예요.
우리에게는 '쌀국수'로 알려져 있어요.

### 아키 앤 솔트피시
'아키'라는 과일과 소금에 절인 생선을 버무린
자메이카 요리예요.

맛있다!

오늘 아침은 무엇을 먹을까?

### 콘지
고기나 생선, 채소를 넣어 섞은 중국의 쌀죽이에요.

### 우에보스 란체로스
달걀 프라이와 매운 토마토 소스를 토르티야 위에 올려 먹는 멕시코 요리예요.

### 하헐슬라흐
네덜란드에서는 초콜릿 가루를 뿌려 만든 토스트를 먹어요.

### 아레파
콜롬비아와 베네수엘라에서 먹는 둥근 모양의 옥수수 빵이에요. 안에는 치즈가 가득 들어 있어요.

### 오기 & 아카라
나이지리아에서는 옥수수죽 '오기'와 콩가루 반죽을 튀긴 빵 '아카라'를 먹어요.

# 이곳이 우리 집이야!
## 다양한 종류의 집

다른 나라 친구들은 어떤 집에서 살고 있을까요?

### 호수 위의 집
페루와 볼리비아의 우로스인은 티티카카 호수 위에 살아요. 갈대로 섬을 만들어 그 위에 집을 짓지요.

### 둥근 집
몽골의 유목민들은 '게르'라고 불리는 둥근 텐트에서 살아요. 가축을 기르기 위해 풀이 많은 곳을 찾아갈 때 집도 가져가기 위해서지요.

### 기둥 위의 집
베트남 산악 지대에 사는 사람들은 기둥을 세우고 그 위에 집을 지어 살아요. 비가 내려 땅이 질척해져도 높은 곳에 있어 걱정이 없어요.

### 눈 위의 집
러시아 북극 지방의 네네츠인들은 순록 떼를 따라 눈밭을 떠돌아다녀요. 한곳에 머물 때면 순록 가죽으로 만든 텐트를 치지요.

### 문양을 그린 집
남아프리카 공화국과 짐바브웨의 은데벨레족은 집 안팎의 진흙 벽에 아름다운 문양을 그려요.

## 동굴 집

터키 괴레메에 사는 사람들은 수백 년 전부터 바위산을 옆에서 뚫어 만든 동굴에 살았어요.

## 함께 사는 집

인도네시아 보르네오섬 밀림에 사는 다약족은 여러 가족이 기다란 집에 함께 살아요. 하지만 각 가족들의 공간은 나누어져 있어요.

## 천장이 높은 집

도르제족은 에티오피아의 산악 지대에 살아요. 대나무와 바나나 잎으로 높고 둥그스름한 집을 짓지요.

# 집에 행운을 가져와요!

몽골 사람들은 게르 안에 파란색 띠를 매달아 놓아요.

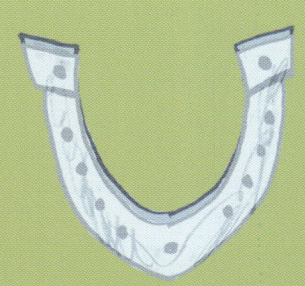

영국 사람들은 문에 'U'자 형태의 말발굽을 걸어 두어요.

싱가포르는 새집에서 파인애플을 굴리는 전통이 있어요.

일본 사람들은 화려한 대나무 갈퀴 '쿠마데'를 집에 걸어 두어요.

# 가족을 이렇게 불러!
## 가족을 부르는 말

**논나 & 논노**
이탈리아

**모르모르 & 모르파르**(외가)
**파르모르 & 파르파르**(친가)
스웨덴

**암마 & 아비**
아이슬란드

**오바아상 & 오지이상**
일본

**바카 & 데다**
크로아티아

## 할머니 & 할아버지

할머니와 할아버지는
세계 어디서나 인기 최고예요!
다른 나라에서는 뭐라고 부를까요?

**야야 & 파푸**
그리스

**롤라 & 롤로**
필리핀

**밥치아 & 지아덱**
폴란드

**뭄모 & 우키**
핀란드

**에마 & 이사**
에스토니아

**마치 & 바츠카**
벨라루스

**마미 & 바티**
독일

## 엄마 & 아빠
다른 나라에서는 뭐라고 부를까요?

**이부 & 아야**
인도네시아

**무어 & 파으**
덴마크

**안네 & 바바**
터키

**티나 & 타마**
사모아

**모테르 & 벨라**
알바니아

## 자매 & 형제
다른 나라에서는 뭐라고 부를까요?

**쥐스 & 브로어르**
네덜란드

**시스코 & 벨리**
핀란드

**디르푸르 & 드라허**
아일랜드

**소러 & 프라테**
루마니아

# 너희는 어떤 동물을 길러 봤니?
## 인기 있는 애완동물

다른 나라 친구들은 어떤 동물을 기를까요?

### 앵무새
남아메리카 아마존강 부근에 사는 사람들은 앵무새를 키워요. 말을 참 잘 듣는 새지요.

### 돌멩이
미국에서는 한때 애완동물처럼 돌멩이를 가지는 것이 유행이었어요. 먹이를 줄 필요가 없으니 얼마나 편했을까요?

### 재패니즈밥테일
일본에서는 행운을 불러오는 고양이로 알려져 있어요. 토끼처럼 꼬리가 짧아서 무척 귀여워요.

### 고슴도치
베트남에서는 고슴도치를 애완동물로 기르는 사람이 꽤 많아요.

### 아로와나
중국에서 아로와나는 재물과 행복을 가져다주는 물고기예요. 희귀종은 가격이 무려 1억 원도 넘는답니다.

### 장수풍뎅이
한국에서 애완 곤충으로 인기가 높아요.
곤충 전용 젤리나 과일을 주면 아주 잘 먹지요.

### 쥐
인도의 카르니 마타 사원에는 쥐가 엄청 많아요.
쥐를 성스럽게 여겨 우유와 코코넛을 주며 정성껏 돌본답니다.

### 경주용 비둘기
쿠웨이트 등 중동 국가에서는 경주용 비둘기가 인기예요.
멀리 날아갔다가도 집으로 돌아오도록 훈련을 시켜요.

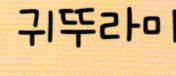

### 귀뚜라미
한국, 중국, 일본은 오래전부터 노랫소리가
아름다운 귀뚜라미를 길러 왔어요. 사실 이 소리는
귀뚜라미가 날개를 비벼서 내는 소리랍니다.

### 알파카
페루에서는 아이들에게 알파카를 주고 기르도록 해요.
알파카들은 다 자라면 집 밖에서 풀을 뜯어 먹으며 떼를 지어 생활하지요.

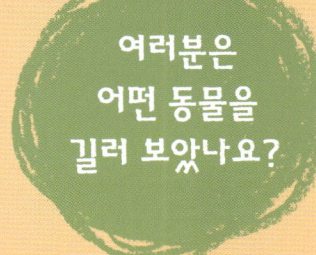

여러분은 어떤 동물을 길러 보았나요?

# "행복해!"는 이렇게 말해!
## 기분이 좋을 때 하는 말

우리 모두 행복한 느낌을 표현해 볼까요?

스와힐리어 (아프리카 동남부)
"푸라하"

터키어
"무틀루"

프랑스어
"주와유"

독일어
"글뤼클리히"

이탈리아어
"펠리체"

# 너희는 학교에 어떻게 가니?
## 학교 가는 방법

다른 나라 친구들은 어떤 방법으로 학교에 갈까요?

**스쿨버스를 타요**

미국에서는 대부분의 아이들이 스쿨버스를 타고 가요.
버스가 노란색이라 눈에 잘 띄어 안전하지요.

**사이클 릭샤를 타요**

인도 일부 지역에 사는 아이들은 자전거와 수레가 합쳐진 형태의
사이클 릭샤를 타고 학교에 가요.

**보트를 타요**

캄보디아 톤레사프 호수의 수상 마을에 사는 아이들은
보트를 타고 학교에 가요. 집도 학교도 물 위에 떠 있거든요.

**걸어서 가요**

아프리카 변두리 지역에 사는 아이들은 걸어서 학교에 가요.
집이 멀어서 수 킬로미터를 걸어야 하는 아이도 있어요.

### 집와이어를 타요
콜롬비아에는 집와이어를 타고
네그루강을 건너 학교에 가는 아이도 있어요.

### 툭툭을 타요
스리랑카와 태국 아이들은 툭툭을 타기도 해요.
툭툭은 바퀴가 세 개 달린 오토바이 택시예요.

### 지하철을 타요
일본에서는 지하철을 타고 학교에 가는
아이들이 많아요.

### 당나귀를 타요
에리트레아의 몸이 불편한 아이들은
학교에 다니기 어려워요. 그래서 유니세프가
당나귀를 선물했어요. 유니세프는 아이들의
행복을 위해 노력하는 국제 단체랍니다.

### 사다리를 타요
중국 남부 장지완에 사는 아이들은 사다리를 타고
절벽을 올라 학교에 가요.

### 자전거를 타요
네덜란드는 다른 나라에 비해 자전거를 타고
학교에 가는 아이들이 많아요.

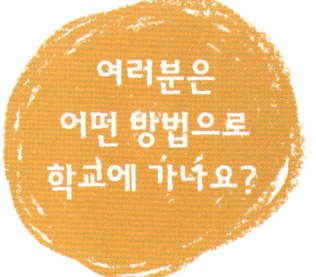

여러분은 어떤 방법으로 학교에 가나요?

# 이런 옷을 입고 학교에 가!
## 학교에 갈 때 입는 옷

다른 나라 친구들은 어떤 옷을 입고 학교에 갈까요?

### 스카프와 모자

말레이시아의 무슬림 학교에 다니는 여자아이들은 머리에 '투둥(히잡)'을 두르고 무릎까지 내려오는 전통 의상 '바주 쿠룽'을 입어요. 남자아이들은 '송콕'이라는 모자를 써요.

### 털실로 짠 따뜻한 옷

케추아족은 남아메리카 안데스산맥 높은 곳에 살아요. 라마 울로 만든 화려하고 따뜻한 옷을 입지요. 여자아이들은 털실로 짠 '만타'를 윗옷으로 입고, 챙이 위로 올라간 모자 '몬테라'를 써요. 남자아이들은 '판초'를 걸치고 털모자 '추요'를 쓰지요.

### 상의와 바지

대부분의 파키스탄 여자아이들은 윗옷 '살와르'와 바지 '카미즈'를 입고 학교에 가요.

### 세일러복

일본의 여자아이들은 오래전 선원들이 입었던 옷과 비슷한 세일러복을 입어요. 남자아이들은 반짝이는 단추가 달린 교복을 입어요.

## 똑똑한 교복

브라질 비토리아다콩키스타에 사는 아이들은 칩이 달린 옷을 입어요. 학교에 도착하면 칩이 인식되어 자동으로 출석이 체크돼요.

## 치마

통가의 남자아이들은 전통 랩스커트인 '투페누'를 입고, 돗자리처럼 생긴 '타오발라'로 허리를 감싸요. 여자아이들은 원피스 형태의 앞치마를 입고, 허리에 타오발라를 두르기도 해요.

## 승복

동남아시아에는 불교 사원 학교에 다니는 아이들이 있어요. 수백 년 전부터 승려들이 입어 온 주황색 승복을 입어요.

## 바틱 문양 옷

인도네시아 아이들은 '바틱'이라는 전통 염색 기술로 새긴 문양의 옷을 입어요. 학교마다 바틱 문양이 달라요.

# 여기가 우리 학교야!
## 친구들과 수업을 듣는 학교

다른 나라 친구들이 공부하는 학교는 어떤 곳일까요?

### 세상에서 가장 큰 학교
인도 러크나우에 있는 시티 몬테소리 학교의 학생 수는 5만 5천 명 정도나 돼요. 학교가 얼마나 큰지 천여 개의 교실이 시내 곳곳에 흩어져 있어요.

### 산
캐나다의 선픽스에 사는 아이들은 리프트를 타고 산 위에 있는 학교에 가요. 방과 후에는 스키를 타고 집으로 돌아가요.

### 오두막
일부 더운 나라에 사는 아이들은 시원한 오두막 안에서 수업받기도 해요.

## 학교와 관련된 말들

'선생님'
'오페타야'
핀란드어

'학교'
'쿨'
에스토니아어

'수업'
'슈튠데'
독일어

### 야외
더운 나라에 사는 아이들은 야외에서 수업을 듣기도 해요.

전 세계 수백만 명의 아이들이 학교가 없어서 배우지 못한다고 해요. 학교를 다닌다는 건 행운이에요.

### 버스
인도 하이데라바드는 형편이 어려운 아이들을 위해 학교가 직접 찾아가요. 버스 안에서 공부하기 때문에 '바퀴 달린 학교'로 불려요.

### 집
호주는 땅이 매우 넓어 학교에서 수백 킬로미터 떨어진 곳에 사는 아이들도 있어요. 집에서 양방향 라디오나 컴퓨터로 수업에 참여해요.

### 바닥
시골의 작은 학교는 의자나 책상 없이 바닥에 앉아 공부하기도 해요.

## 무엇을 배울까?

인도 남부에 사는 아이들은 '말라캄'을 배워요. 긴 나무 봉에 매달려 하는 운동이에요.

중국과 몽골 학교에 다니는 아이들은 서예를 배워요. 붓을 먹물에 찍어 글씨를 쓰지요.

중국 아이들은 학교 수업도 받고 무술을 배우기도 해요.

노르웨이의 어떤 학교에는 스키의 날이 있어요. 교실에서 공부하는 대신 선생님과 밖으로 나가 스키를 타요.

# 우리는 이런 걸 마셔!
## 여러 나라의 음료

다른 나라 친구들은 어떤 음료를 마실까요?

### 앗타이
모로코에서는 '앗타이'라는 민트티를 작은 유리컵에 따라 마셔요. 중요한 손님일수록 주전자를 높이 들어 따르는 전통이 있어요. 그래서 모로코 왕가에서는 사다리에 올라가서 따른다고 해요.

### 차옌
태국에서는 음료를 파는 오토바이 앞에서 차옌을 사 마시는 사람들을 종종 볼 수 있어요. 홍차에 연유와 향신료를 넣어 만들어요.

### 아니스 우유
네덜란드에서는 자기 전 아니스 열매가 들어간 따뜻한 우유 한 잔을 마셔요. 깊이 잠들 수 있도록 해 주지요.

### 스프리스
에티오피아의 과일 혼합 주스예요. 아보카도, 망고, 파파야 등을 갈아서 층층이 쌓아 만들어요.

### 수정과
한국의 전통 음료예요. 계피와 생강을 달인 물에 설탕이나 꿀을 타서 식힌 다음, 잣 등을 띄워 마셔요.

### 라시
물과 향신료를 섞은 인도의 요구르트 음료예요. 새콤하면서도 달아 인기가 많아요.

### 참푸라도
멕시코 거리에서 파는 따뜻하고 달콤한 음료예요. 옥수수 가루, 설탕, 바닐라, 계피, 초콜릿을 넣어 만들어요.

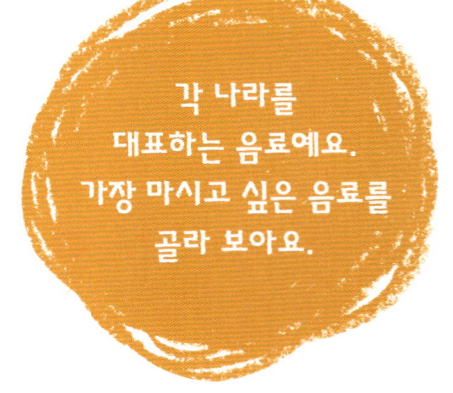

각 나라를 대표하는 음료예요. 가장 마시고 싶은 음료를 골라 보아요.

# 우리나라의 모자와 신발이야!

## 전통 모자와 신발

다른 나라의 전통 모자와 신발을 구경해 볼까요?

세계 모자 가게

- 볼리비아의 중산모자
- 우크라이나의 화관 비노크
- 태국 몽족 여자들의 구슬 달린 모자
- 케냐의 코피아
- 호주의 부시 해트
- 중동의 남성용 두건 케피예
- 베트남의 밀짚모자 논라
- 네팔의 다카토피
- 아프가니스탄의 파콜
- 아프리카의 머리띠

"굉장해!"
"안후고일!"
웨일스어

어떤 나라의 전통 모자를 써 보고 싶나요?

## 세계 신발 가게

- 인도의 **주티**
- 그리스의 **차루히**
- 부탄의 부츠 **쏠람**
- 스코틀랜드의 댄스화 **길리**
- 핀란드 사미족 부츠 **스칼러**
- 모로코의 슬리퍼 **바부쉬**
- 몽골의 부츠 **구탈**
- 스페인의 샌들 **에스파드리유**
- 미국의 부츠 **카우보이 부츠**
- 페루의 타이어 재활용 신발 **오호타**

## 페이스 페인팅

어떤 부족은 축제 날이 오면 얼굴에 독특한 그림을 그려요.

브라질의 카야포족

에티오피아의 오모족

파푸아 뉴기니의 세픽족

# 우리나라 동물은 이런 소리를 내!
## 동물이 내는 소리를 표현하는 말

다른 나라는 동물 울음소리를 어떻게 표현할까요?

한국은 '야옹야옹'
일본은 '냔냔'
베트남은 '메오 메오'
프랑스는 '미아오우 미아오우'
중국은 '미아오 미아오'

한국은 '부엉부엉'
이탈리아는 '후후'
러시아는 '우우우'
네덜란드는 '우후'
스웨덴은 '호호'

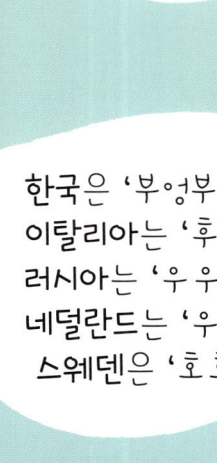

한국은 '꽥꽥'
덴마크는 '랍랍'
프랑스는 '쿠앙 쿠앙'
러시아는 '크랴 크랴'
중국은 '까까'

한국은 '윙윙'
독일은 '줌 줌'
일본은 '분분'
그리스는 '조움 조움'
러시아는 '즈즈즈'

# 이런 악기도 있어!
## 다양한 재료로 만든 전통 악기

다른 나라에는 어떤 악기가 있을까요?

**강돌**
하와이에서는 전통 춤 훌라 댄스를 추면서 매끈하고 납작한 강돌을 부딪쳐 연주를 해요. 엄지와 검지로 집은 돌을 손바닥에 얹은 돌에 부딪쳐 소리를 내는 것이지요.

**코 피리**
필리핀 북부 지역에는 코로 부는 피리인 '피통 일롱'이 있어요. 콧바람을 대나무 관 사이로 불어넣어 소리를 내지요.

**못난이 막대기**
캐나다 뉴펀들랜드섬에는 빗자루에 병뚜껑, 방울, 깡통 등을 달고 밑에는 고무 부츠를 붙인 악기가 있어요. 다른 막대기로 깡통과 병뚜껑을 치고 빗자루를 땅에 쿵쿵 내리치며 연주해요.

### 고둥 껍데기
뉴질랜드 원주민들은 고둥 껍데기를 트럼펫처럼 연주해요. 끝부분을 잘라 숨을 불어넣고 손가락을 조가비 안에 넣었다 뺐다 하며 음을 바꾸지요.

### 선인장
칠레에서는 선인장 줄기 안에 가시를 밀어 넣은 다음 씨앗을 넣고 말려서 악기를 만들어요. 흔들면 빗방울 떨어지는 소리가 난다고 해서 '레인스틱'으로 불러요. 이 악기를 연주하면 얼마 후 마법처럼 비가 내린다고 해요!

### 나뭇잎
호주 원주민들은 입으로 고무나무 잎을 불어 연주해요. 부는 위치를 달리해 여러 음을 내요.

### 꼬투리
콩고에서는 연주자가 북을 칠 때 손목에 '은사칼라'를 달아요. 이것은 테니스공만 한 둥근 꼬투리인데, 북소리와 함께 꼬투리 안에 든 씨앗들이 서로 부딪치며 멋진 소리를 내요.

# 학교 점심시간에 먹는 거야!
## 점심에 먹는 음식

다른 나라 아이들은 학교에서 무엇을 먹을까요?

**미소국, 밥, 생선, 채소 절임**
일본의 아이들은 학교 점심시간에 급식을 먹어요. 교실에서 선생님과 함께 먹고 자리를 깨끗이 정리하지요.

**채소 스튜, 밥, 납작한 빵**
남아시아 지역의 아이들은 주로 여러 단으로 된 도시락을 싸 가지고 학교에 가요. 각각의 통에는 다른 음식이 들어 있어요.

**소고기 스튜, 콩과 밥, 샐러드, 과일과 빵**
브라질 학교에서는 지역 농촌에서 사 온 음식을 먹어요. 아이들에게 건강하고 신선한 음식을 먹이기 위해 법으로 정해 놓았어요.

즐거운 점심시간

**밥, 삼바르**(렌틸콩 스튜)**, 커드**(요구르트 종류)**, 채소 볶음, 케사리**(달콤한 세몰리나 푸딩)
인도 남부 지역의 아이들은 '탈리'라는 식판에 음식을 담아요. 그리고 바닥에 앉아서 손으로 먹지요.

**생선국, 볶음밥, 김치, 과일, 콩나물 무침**

한국에서는 급식실에서 아이들과 선생님이 함께 먹어요. 다 먹은 후에는 아이들 스스로 정리해요.

**파스타**(매일 다른 종류), **고기, 채소, 과일**

이탈리아에서는 전채 요리로 입맛을 돋우고 메인 요리를 먹은 뒤, 후식으로 마무리하는 '3코스' 식사를 해요.

**밥과 매콤한 콩 스튜, 납작한 빵**

아프리카 전역에서 즐겨 먹는 음식이에요. 나이지리아에서는 콩 스튜를 '에와 아고인'이라고 하는데, 양파와 후추 등의 다양한 향신료를 넣어 만들어요.

**보르시**(비트 뿌리 수프), **양배추 절임, 소시지와 으깬 감자, 달콤한 팬케이크, 과일**

우크라이나 아이들의 점심시간은 보통 30분 정도예요.

## "맛있다!"

"다디!" 하우사어 (나이지리아, 니제르)

"델리시오주!" 포르투갈어

"라잣!" 말레이어

"스와디쉬트!" 힌디어

"두제 스마치니!" 우크라이나어

"오이시이!" 일본어

"델리치오소!" 이탈리아어

"딜리셔스!" 영어

## 딸꾹질을 멈추는 방법

다른 나라에서는 딸꾹질을 멈추기 위해 어떻게 하나요?

**트리니다드 토바고**
종이에 침을 발라 이마에 붙여요.

**노르웨이**
설탕 한 숟가락을 꿀꺽 삼켜 설탕 알갱이로 목구멍을 간질여요.

 설탕

**미국**
찻숟가락으로 땅콩버터를 떠 먹어요.

**영국**
딸꾹질하는 사람에게 "어이!" 하고 소리를 질러 깜짝 놀라게 해요.

**인도**
얇게 썬 생강 한 조각을 씹어 먹어요.

**멕시코**
빨간색 실에 침을 묻혀 이마에 붙여요.

**도미니카 공화국**
아기가 딸꾹질을 하면 엄마의 머리카락 한 가닥을 뽑아 아기의 이마에 올려요.

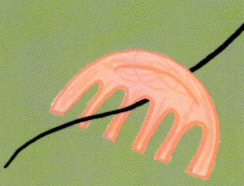

# 이런 재미난 표현 알고 있니?
## 그 나라에서만 통하는 재미있는 말

같은 뜻이라도 나라마다 다른 표현을 알아볼까요?

"그 아이는 얼굴이 넓어."
일본에서는 아는 사람이 많다는 말을 이렇게 표현해요.

"귀에 막대기를 꽂았구나."
덴마크에서는 귀담아 듣지 않는 사람에게 핀잔을 줄 때 이렇게 말해요.

"고양이가 갇혔어."
스페인에서는 무엇인가 일이 잘못됐다고 생각할 때 이렇게 말해요.

"나에게 바퀴벌레가 있어."
프랑스에서는 슬플 때 이렇게 말해요.

"내 머리에 다림질 좀 그만해!"
아르메니아에서는 '나를 화나게 하지 말라'고 할 때 이렇게 표현해요.

"어떤 날은 꿀, 어떤 날은 양파."
아랍 국가에서는 '이길 때도 있고 질 때도 있다'는 말을 이렇게 표현해요.

"당나귀에게 스펀지케이크를 먹이지 마!"
포르투갈에서는 '지나치게 대접할 필요 없다'고 할 때 이렇게 말해요.

"뜨거운 죽 주위를 고양이처럼 서성거린다."
노르웨이에서는 할 말을 못하고 안절부절못하는 모습을 이렇게 표현해요.

"당근이 익었어."
프랑스에서는 더 이상 어쩔 수 없는 상황을 이렇게 표현해요.

"비 온 뒤의 코트."
헝가리에서는 '일이 잘못된 뒤에 후회해도 소용없다'는 말을 이렇게 표현해요.

"네 눈 위에 토마토가 있어."
독일에서는 '다들 아는데 너만 모른다'고 할 때 이렇게 표현해요.

"얼음 위에 소가 없어."
스웨덴에서는 걱정할 일 아니라고 안심시킬 때 이렇게 말해요.

# 재채기한 친구에게 이렇게 말해!
## 재채기에 관한 풍습

다른 나라 친구들은 재채기를 하면 어떤 말을 들을까요?

### 축복해 주기
멕시코 사람들은 재채기를 한 사람에게 행복을 빌어 주어요. 재채기를 몇 번 했느냐에 따라 그 내용이 달라진답니다.

### 재채기 세 번!
네덜란드 사람들은 누군가가 재채기를 세 번 하면, 햇살이 비칠 징조로 여겨 "모르헨 모이 베이르!"라고 말해요. "내일 날씨는 좋을 거야!"라는 뜻이에요.

"건강!"
1… "살루드!"

"돈!"
2… "디네로!"

"사랑!"
3… "아모르!"

에취!

에취!

### 누가 네 얘기를 하고 있나 봐!
일본에서는 재채기를 한 번 하면 누군가 그 사람에 대해 좋은 말을 하고 있다고 생각해요. 하지만 두 번 하면 나쁜 말을 하고 있다고 생각해요.

### 잠깐만 기다려!
이란에서는 누군가 재채기를 하면 "사브르 우마드!"라고 말해요. "인내할 시간을 가져야 한다!"는 뜻이지요. 재채기를 한 사람은 하던 일이나 생각을 멈췄다가 잠시 후 다시 시작해요.

"건강!"
**"게준트하이트!"**
독일어

"자라라!"
**"투투카!"**
줄루어(남아프리카)

"미안해!"
**"엔도!"**
이보어

"네 소원이 이루어지길!"
**"아 떼 수에!"**
프랑스어

"널 축복해!"
**"프로시트!"**
덴마크어

"건강하세요!"
**"에비바!"**
몰타어

# 이가 빠지면 이렇게 해!
## 빠진 이에 관한 풍습

이가 툭 빠져 버렸어요! 다른 나라에서는 어떻게 할까요?

### 지붕 위로 던져요
그리스에서는 이를 지붕 위로 던지고 작은 쥐 요정에게 소원을 빌어요. 내 이를 가져가는 대신 튼튼한 새 이를 달라고 하면서요.

### 해를 향해 던져요
중동 지역에서는 해를 향해 이를 던지며 반짝이는 새 이로 돌려 달라고 빌어요.

짐바브웨나 말라위에서는 이를 지붕 위에 올려놓아야 해요. 이를 버리면 새 이가 안 난다고 믿기 때문이지요.

스리랑카에서는 이를 지붕 위로 던지고 다람쥐에게 새 이를 달라고 빌어요.

### 쥐가 가져가요
스페인, 프랑스, 이탈리아, 남아메리카 국가들은 빠진 이를 베개 밑에 두어요. 그러면 쥐가 찾아와 이를 가져가고 돈을 놓아두지요. 이 쥐 요정은 스페인에서는 '라톤시토 페레즈', 프랑스에서는 '라 프티트 수리'라고 불려요.

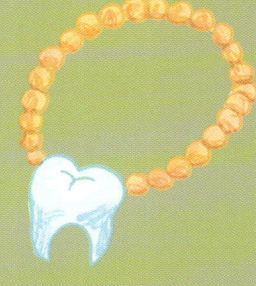

### 장신구를 만들어요
코스타리카에서는 엄마들이 아이들의 이를 목걸이나 팔찌에 달아요.

### 요정이 가져가요
북아메리카, 영국, 호주, 뉴질랜드에서는 이를 베개 밑에 두어요. 그러면 이빨 요정이 찾아와 이를 가져가고 대신 약간의 돈을 놓아두지요.

### 토끼가 가져가요
엘살바도르에서는 이를 베개 밑에 두어요. 그러면 토끼가 와서 이를 가져가고 돈을 놓아두지요.

# 이 날은 어린이가 주인공이야!
## 아이들을 위한 축제

다른 나라에도 어린이를 위한 날이 있을까요?

### 아이들이 나라를 다스리는 날
터키의 어린이날은 4월 23일로, '초축 바이라미'라고 해요. 이날 아이들은 국회에서 열리는 회의에 참석해 정치를 경험해요. 또 전통 의상을 차려입고 터키 전역에서 열리는 축제에 참여한답니다.

### 남자아이를 위한 날
일본에서 3월 5일은 남자아이들을 위한 날인 '코도모노히'예요. 이날은 집 밖에 잉어 장식을 단 막대기를 꽂아 두어요. 잉어는 힘이 세고 용감한 동물로 여겨지며, 가정에 행운을 가져다준다고 해요.

### 여자아이를 위한 날
일본에서는 3월 3일에 인형 축제, '히나마츠리'가 열려요. 과거 일본의 왕들을 본 따 만든 인형들을 전시해 놓고 여자아이들의 행운을 빌어요. 빨간색 천을 덮은 재단 위에 인형들을 놓는데, 천황과 황비 인형의 자리는 맨 위예요.

## 학교에 안 가는 날

중국의 어린이날은 6월 1일이에요. 아이들은 학교에 가지 않고 즐겁고 특별한 하루를 보낸답니다.

## 오누이의 날

인도, 모리셔스, 네팔에서는 8월 중에 '락샤 반단'이라는 힌두교 행사가 열려요. 오누이가 서로에 대한 마음을 표현하며 특별한 의식을 치르지요.

먼저 누이가 '라키'라는 끈을 남자 형제의 손목에 묶으며 건강과 행복을 빌어요. 그런 다음 이마에 '틸락'이라는 빨간 점을 찍어 주지요.

그러면 남자 형제는 영원히 누이를 보호할 거라고 약속하고 선물을 줘요. 그런 다음 오누이가 함께 과자를 나누어 먹어요.

## 멋지게 차려입는 날

트리니다드 토바고에서는 부활절이 다가오기 전에 어린이들을 위한 축제가 열려요. 아이들은 수도인 포트오브스페인에서 열리는 대규모 행진에 참가하기 위해 몇 달 전부터 의상을 만들며 준비해요.

# 이런 신기한 이야기 알고 있니?
## 행운 혹은 불행을 상징하는 것

다른 나라 사람들은 어떤 이야기를 믿고 있을까요?

브라질에서는 방 한쪽 구석에 소금 통을 놓아두면 행운이 찾아온다고 해요.

인도에서는 한쪽 눈이 씰룩대면 행운이 찾아온다고 해요. 남자는 오른쪽 눈, 여자는 왼쪽 눈이 씰룩여야 해요.

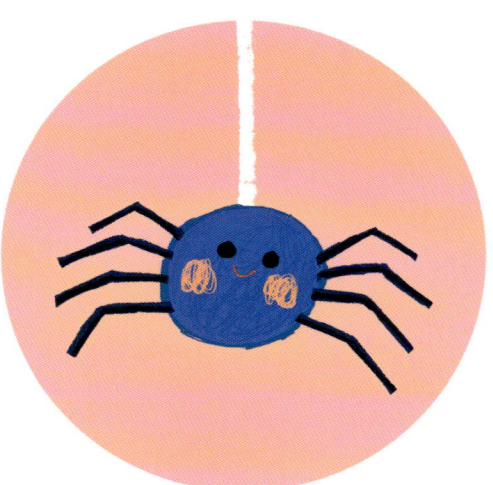

일본 사람들은 아침에 거미를 보면 좋은 일이 생길 거라 생각해요. 반면 오후에 거미를 보면 안 좋은 일이 생길 거라 생각해요.

중국에서는 8이 행운의 수예요. 그래서 베이징에서 열린 2008년 하계 올림픽의 개막식을 8월 8일 저녁 8시 8분에 시작했답니다.

러시아에서는 몸이나 집, 또는 차에 새똥이 떨어지면 그 사람에게 행운이 찾아온다고 해요.

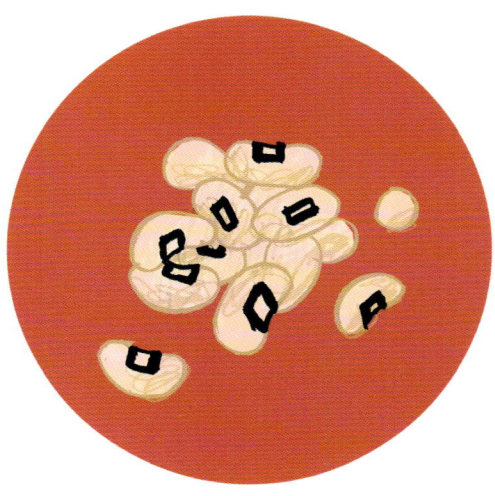

미국 남부에 사는 사람들은 새해 첫날 검은 눈이 있는 동부콩을 먹으면 행운이 찾아온다고 믿어요.

**빨간색**
중국 등 아시아 국가에서 행운을 상징하는 중요한 색이에요.

**주황색**
부탄 등 불교 국가에서 건강, 행복, 사랑을 의미해요.

**초록색**
중동 국가에서 풍족함과 행운을 상징해요.

## 새해 복 많이 받으세요!

덴마크 사람들은 새해로 뛰어든다는 의미로 의자에서 뛰어내려요.

스페인 사람들은 새해를 알리는 종이 울리면 포도 열두 알을 먹으며 행운을 빌어요.

12월 31일이 되면 새해의 행운을 비는 의미로 브라질 사람들은 노란색 속옷을, 이탈리아 사람들은 빨간색 속옷을 입어요.

## 불행

태국에서는 밤에 휘파람을 불면 나쁜 귀신들이 깨어난다고 해요.

중국에서는 숫자 4가 불행을 상징하기 때문에 건물에 4층이 없어요. 3층 다음은 5층이지요.

하와이에서는 배에 바나나를 들고 타면 불행한 일이 생길 거라고 해요.

영국에서는 13이 불행을 상징해요. 그래서 런던의 사보이 호텔은 13명의 식사 예약을 받은 경우, 빈자리 하나를 마련해 '캐스퍼'라는 고양이 동상을 놓아요.

인도에서는 토요일에 손톱이나 머리를 깎으면 힌두교의 신 샤니를 화나게 하여 불행한 일이 일어난다고 믿어요.

**흰색**
중국에서 죽음, 불행과 관련된 색이에요.

**초록색**
옛날 유럽 사람들은 마녀의 색으로 여겼어요.

# 너희는 무엇을 가지고 노니?
## 다양하고 신기한 장난감

어떤 장난감을 가지고 놀까요?

### 키가 커지는 장난감

인도네시아의 아이들은 대나무로 만든 장대 '에그랑'을 타고 놀아요. 경주를 하기도 하지요.

### 과일로 만든 자동차

인도네시아의 아이들은 자몽과 비슷한 과일 '즈룩발리'로 장난감 자동차를 만들곤 해요. 즈룩발리의 껍질로 자동차의 각 부분을 만들고 가늘게 자른 코코넛 조각들로 연결해요.

### 걱정을 없애 주는 인형

과테말라의 걱정 인형은 아주 작고 귀여워요. 베개 밑에 놓아두고 자면 걱정을 없애 준다고 해요.

### 나를 지켜 주는 인형

우크라이나에서는 나쁜 기운을 막아 준다는 의미로 아이들에게 손으로 만든 헝겊 인형 '모탄카'를 선물해요. 이 인형에는 얼굴이 없어요. 왜냐하면 얼굴이 있는 모탄카는 불행을 상징하기 때문이에요.

### 그네

네팔의 아이들은 대나무와 밧줄로 만든 그네 '핑'을 선물로 받아요. 이 그네는 힌두교 축제인 '다샤인' 기간 동안 네팔의 수많은 마을에 설치된답니다.

## 헝겊 인형

러시아 아이들도 행운을 의미하는 얼굴 없는 헝겊 인형을 가지고 놀아요. 아기 인형 '펠레나시카', 아기 여섯 명을 안고 있는 '모스코브카', 손이 열 개나 달려 여러 가지 집안일을 할 수 있는 '디샤티루치카' 등 여러 가지가 있어요. 어떤 인형이 마음에 드나요?

## 빙빙 도는 팽이

멕시코의 '트롬포'는 끈을 당겨 돌리는 나무 팽이예요. 트롬포 두 개로 팽이 싸움도 할 수 있지요. 상대방의 팽이를 먼저 쓰러뜨리는 사람이 이기는 거예요.

## 머리가 좋아지는 장난감

'만칼라'는 아프리카의 여러 나라에서 다양한 형태로 발달된 게임이에요. 아이들은 계란 판처럼 둥그런 홈이 여러 개 파인 나무판에서 씨앗이나 조약돌을 하나씩 옮기며 상대방의 것들을 가져와야 해요.

## 춤을 추게 하는 장난감

인도네시아 자바섬에 사는 아이들은 대나무 매트를 잘라 말 모양으로 만든 화려한 장난감을 타곤 해요. 자바섬의 각종 행사에서 이 말을 타고 전통 승마 춤인 '쿠다 룸핑'을 추는 아이들을 볼 수 있어요.

## 잡동사니로 만든 자동차

케냐의 아이들은 '갈리모토'라는 장난감 자동차를 만들어요. 철사로 만든 몸통에 막대기, 옥수수 줄기 등 온갖 잡동사니들을 달지요.

# 친구들과 이런 놀이를 해!
## 친구들과 함께하는 신나는 놀이

다른 나라 아이들은 친구들과 무엇을 하며 놀까요?

### 개미, 사람, 코끼리

인도네시아에도 가위바위보와 비슷한 게임이 있어요. 바로 '세뭇(개미), 오랑(사람), 가자(코끼리)'예요. 두 사람이 마주 서서 다음과 같은 손 모양을 내는 것이지요.

**세뭇**
새끼손가락을 펴서 내밀어요.

**오랑**
집게손가락을 펴서 내밀어요.

**가자**
엄지손가락을 펴서 내밀어요.

세뭇은 가자를 이겨요. 개미가 코끼리의 귓속에 들어가 괴롭힐 수 있거든요.
오랑은 세뭇을 이겨요. 사람은 개미를 밟을 수 있으니까요.
가자는 오랑을 이겨요. 코끼리는 사람을 짓누를 수 있으니까요.

### 무릎 점프

이누이트족의 전통 놀이는 건강하게 해 줘요. 무릎 점프를 한번 따라 해 보세요.

① 양발을 뒤로 쭉 뻗은 채 바닥에 무릎을 꿇어요.
② 양팔을 뒤로 휘두르며 뛸 준비를 해요.
③ 배에 힘을 주고 앞으로 힘껏 점프했다가 바닥에 착지해요. 얼마나 멀리 뛰었는지 확인해요.

## 지엔즈

중국에서는 나이에 상관없이 누구나 '지엔즈'를 즐겨요. 빳빳한 깃털을 붙여 만든 제기를 누가 더 오래 땅에 떨어지지 않게 발로 차는지 겨루는 놀이예요. 지엔즈가 없으면 작은 콩 주머니를 차고 놀아요.

## 행운의 웃음

'후쿠와라이'는 일본의 모든 사람들이 새해 첫날에 하는 게임이에요. '행운의 웃음'이라는 이름의 뜻처럼 모두를 웃게 해 줘요.

① 눈, 코, 입이 없는 큰 얼굴 그림을 벽에 붙이거나 바닥에 펼쳐 놓아요.
② 신문이나 잡지에서 눈, 코, 입을 찾아 오린 다음 뒷면에 풀칠해요.
③ 참가자는 자기 차례가 되면 눈을 가려요. 다른 사람들이 외치는 말을 들으며 얼굴 그림에 눈, 코, 입을 붙여요. 다 붙인 다음 눈가리개를 풀면 자기가 만든 웃긴 얼굴을 볼 수 있어요.

## 암페

가나의 전통 게임이에요.

① 2명이 마주 서서 1번과 2번을 정해요.
② 점프하고, 손뼉을 친 다음 한쪽 다리를 앞으로 내밀어요.
③ 서로 반대쪽 다리를 내밀면 1번 참가자가 1점을 얻어요.
④ 서로 같은 쪽 다리를 내밀면 2번 참가자가 1점을 얻어요.

가장 먼저 10점을 얻은 사람이 이기는 거예요.

# 이런 맛있는 간식을 먹어!
## 여러 나라의 케이크와 떡

간식으로 어떤 케이크와 떡을 먹을까요?

### 고양이 케이크

스웨덴의 '루세카터'는 '루시아의 고양이'라는 뜻으로, 12월 13일 성 루시아의 날에 먹는 빵이에요. 사프란이라는 향신료로 향을 내고 건포도를 박아 만들지요. 구부러진 모양이 꼭 몸을 웅크리고 있는 고양이 같아요. 케이크의 이름처럼 말이에요.

### 뼈 케이크

스페인의 '우에쇼스 데 산토'는 11월 1일, '성인의 날'이라는 기독교의 축일에 먹는 케이크예요. 원통형으로 만든 흰색 마지팬 속에 커스터드를 채웠는데, 마치 뼈 모양 같아요. 그래서 이 케이크의 이름도 '성인의 뼈'라는 뜻을 담고 있답니다.

### 장수 케이크

중국의 '월병'은 팥이나 콩 등으로 속을 채운 작고 동그란 빵이에요. 겉면에 장수를 나타내는 한자를 새겨요. 중국의 추석인 중추절에 달을 구경하며 먹는답니다.

### 새해맞이 떡

일본 사람들은 보통 새해 전날 팥으로 속을 채운 동그란 찹쌀떡, '모치'를 즐겨 먹어요. 봄에는 아름다운 벚꽃을 상징하는 분홍색 모치를 먹지요.

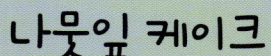

### 나뭇잎 케이크

말레이시아의 '판단 시폰'은 밝은 초록색을 띠는 스펀지케이크예요. 판다누스 야자 잎에서 나온 달콤한 즙을 케이크 반죽에 섞어 만들어요.

### 나무 케이크

프랑스의 '부쉬드노엘'은 통나무 장작 모양의 초콜릿 케이크예요. 사람들이 겨울이 끝나 감을 축하하고 한 해의 나쁜 기운을 없앤다는 의미로 장작을 태웠던 풍습에서 유래됐어요.

어떤 케이크를 먹어 보았나요?

### 아기 케이크

미국 뉴올리언스에서는 해마다 1월 6일 동방박사가 아기 예수를 찾아온 날을 기념하며 화려한 색깔의 '킹 케이크'를 먹어요. 킹 케이크 속에는 플라스틱으로 된 작은 아기 모형이 있는데, 아기 예수를 상징해요. 이 모형을 먼저 발견한 사람이 내년에 먹을 케이크를 사야 한답니다.

### 크리스마스 케이크

크리스마스 아침을 필리핀에서 맞게 된다면 코코넛 맛이 나는 쌀 빵, '비빙카' 한 조각을 먹게 될 거예요. 메리 크리스마스!

### 달걀 케이크

스페인 아이들은 부활절에 '라 모나 데 파스쿠아'를 먹어요. 아이의 나이만큼 달걀이 올라가요. 이 달걀은 초콜릿일 수도, 진짜 삶은 달걀일 수도 있어요. 여러분은 무엇이 더 좋은가요?

### 다양한 모양의 떡

한국의 떡은 꽃, 과일, 조가비 등 다양한 모양이에요. 팥, 꿀, 깨 등 여러 가지 재료로 속을 채워 만든 것도 있어요. 생일이나 결혼식 등 특별한 날에 선물로 주고받기도 해요.

# 어떻게 부르는지 알려 줄게!
## 알아 두면 좋은 낱말

다른 나라에서는 뭐라고 부를까요?

### 개

스페인어 '페로'
일본어 '이누'
핀란드어 '코이라'

### 고양이

체코어 '코치카'
타갈로그어 '푸사'
베트남어 '콘 메오'

### 화장실

몰타어 '트왈레타'
말레이어 '탄다스'
프랑스어 '투아레트'

### 문

보스니아어 '브라타'
아일랜드어 '도라스'
에스토니아어 '욱스'

### 신발

몽골어 '고탈'
힌디어 '주타'
불가리아어 '오부브카'

### 양말

이탈리아어 '칼지노'
스웨덴어 '스트룸파'
헝가리어 '조크니'

### 침대

웨일스어 '그웰리'
포르투갈어 '카마'
중국어 '추앙'

### 탁자

아랍어 '타윌라'
아이슬란드어 '타플란'
아프리칸스어 '타펠'

### 의자

노르웨이어 '스톨'
터키어 '산달예'
세르비아어 '스톨리카'

# 쉽게 배워 볼래?
## 알아 두면 좋은 표현

뜻을 떠올리며 몸짓을 따라해 볼까요?

당연하지!
"시구르!"
루마니아어

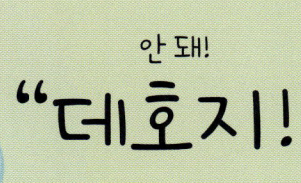

안 돼!
"데호지!"
헝가리어

지루해!
"노이오소!"
이탈리아어

뭐라고?
"바스?"
독일어

웩!
"바!"
네덜란드어

왜?
"초무?"
우크라이나어

# 우리나라에 이런 옷이 있어!
## 특별한 전통 옷

특별한 일이 있을 때 어떤 옷을 입을까요?

### 반짝이는 옷
결혼식 날에는 누구나 가장 좋은 옷을 입어요. 인도에서는 남녀 모두 반짝이는 자수가 가득한 옷을 입어요.

### 맵시 있는 옷
서아프리카 국가에서는 특별한 일이 있을 때 남자아이들은 '부부'라는 긴 겉옷을, 여자아이들은 '파뉴'라는 예쁜 랩스커트를 입어요.

### 마법의 옷
벨라루스의 전통 의상에는 빨간색이나 검은색 장식이 많아요. 예로부터 이 색이 들어간 옷은 마법의 힘을 갖고 있어서 자신을 보호해 준다고 믿었기 때문이에요.

### 새해에 입는 옷
몽골 사람들은 2월 새해를 맞이할 때 모두 자기가 가진 전통 의상 '델'을 입어요. 델은 띠로 묶는 가운 형태의 옷이에요. 최고의 델은 고급스러운 자수가 놓인 실크로 만들어요.

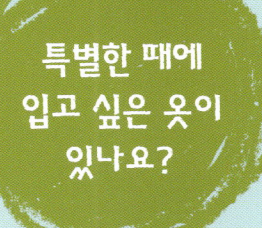

특별한 때에 입고 싶은 옷이 있나요?

### 춤출 때 입는 옷

아일랜드의 댄스 의상에는 아일랜드 옛날 책에 나오는 장식을 본뜬 소용돌이 문양이 수놓아져 있어요. 여자아이들은 이 장식이 수놓인 드레스를 입고, 남자아이들은 조끼를 입어요.

### 외출할 때 입는 옷

동남아시아의 카슈미르에 사는 사람들은 '페란'이라고 하는 긴 겉옷을 입어요. 겨울에는 털실로 짠 페란을, 특별한 날에는 멋지게 수놓인 페란을 입어요.

### 따뜻한 옷

추운 시베리아에 사는 네네츠인은 몸을 따뜻하게 하기 위해 순록 가죽으로 만든 두꺼운 코트와 바지를 입어요. 머리까지 쓰는 파카 '말리차', 앞에 단추가 달려 있고 안팎이 모두 털로 덮인 '야구슈카'도 입어요.

### 식물로 만든 옷

하와이 사람들은 꽃, 나뭇잎, 씨앗, 열매, 깃털 등으로 만든 목걸이 '레이'를 해요. 레이는 존경과 사랑을 상징하지요. 특히 5월 1일은 '레이 데이'로, 모두가 일을 쉬고 축제를 즐겨요.

# 생일을 이렇게 축하해 줘!
## 생일을 축하하는 방법

다른 나라에서는 친구의 생일을 어떻게 축하해 줄까요?

캐나다 뉴펀들랜드섬에서는 생일을 맞은 아이의 코에 버터를 발라요. 그러면 미끄러워서 나쁜 귀신이 잡아가지 못한대요.

멕시코에서는 생일인 사람이 케이크를 한입 먹으면, 옆에 있는 친구들이 그의 얼굴을 케이크에 내리눌러요.

자메이카에서는 생일을 맞은 사람에게 축하의 의미로 밀가루 한 봉지를 뿌려요.

네팔 아이들은 생일 파티에 가면 이마에 빨간 점 '티카'를 찍어요. 쌀 요구르트에 색을 입힌 거예요. 티카는 쌀가루와 요구르트, 빨간 염료를 섞어 만들어요.

브라질에서는 생일을 맞은 사람이 나이만큼 자신의 귓불을 잡아당겨요. 아야!

중국에서는 설날인 춘절 둘째 날 모든 개들의 생일을 축하해 줘요

헝가리에서는 생일인 사람의 귓불을 잡아당기며 "귓불이 발목까지 자라라."라고 말해요. 엉뚱한 말 같지만 오래 살라는 뜻이지요.

# 특별한 날 이런 선물을 줘!
## 여러 나라의 색다른 선물들

선물을 주는 사람과 받는 사람 모두가 행복해져요!

### 마녀의 방문
이탈리아에서는 1월 5일 밤 '라 베파나'가 빗자루를 타고 온다고 해요. 뾰족한 모자를 쓰고 덕지덕지 기운 코트를 입은 착한 마녀예요. 착한 아이들에게는 사탕 같은 선물을 주고, 말썽쟁이 아이들에게는 석탄을 놓고 가요. 아이들은 마녀를 위해 쪽지와 간식을 놓아두지요.

### 과자로 가득한 모자
아제르바이잔에는 3월, '노브루즈'라는 명절이 있어요. 저녁에 아이들이 가방이나 모자를 이웃집 대문 앞에 놓아두면 그 집에서 과자와 작은 선물들을 채워 준답니다.

### 크리스마스 고양이
아이슬란드 아이들은 크리스마스 날 새 옷을 선물 받아요. 새 옷을 입지 않으면 거대한 크리스마스 고양이가 나타나 아이들을 잡아먹는다는 전설이 있거든요.

### 똥 누는 통나무
스페인의 카탈루냐 아이들은 12월 내내 통나무에 담요를 덮어 주며 보살피다가 크리스마스 날에 막대기로 두드려요. 그러면 통나무 뒤에서 부모님이 아이들 몰래 놓아둔 선물이 쏟아지지요. 선물이 통나무 뒤로 나온다고 해서 '카가 티오' 즉 '똥 누는 통나무'라고 불러요.

## 생일에 무엇을 먹을까?

호주에서는 버터 바른 빵에 색색의 스프링클을 뿌린 '페어리 브레드(fairy bread)'를 먹어요.

한국에서는 '미역국'을 먹어요. 미역과 고기 등을 넣어 끓인 국이지요.

중국에서는 장수를 상징하는 얇고 긴 국수 '이면'을 먹어요.

# 저녁에 이런 음식을 먹어!
## 저녁에 먹는 음식

다른 나라 친구들은 저녁에 무엇을 먹을까요?

자메이카에서는 오후 4~5시쯤 저녁을 먹어요.

스페인에서는 밤 10시가 되어서야 저녁을 먹어요.

호주와 미국에서는 여름에 야외에서 바비큐를 즐겨요.

몽골 평원에 사는 사람들은 '게르' 안에서 저녁 요리를 해요.

아마존 부족은 남아메리카 대륙을 가로지르는 깊은 우림 지대에서 동물을 사냥하고 식물을 채집하며 살아요.
그날그날 구한 동물이나 식물을 저녁에 먹어요.

동아프리카 나라들에서는 옥수수 가루를 되직하게 반죽한 '우갈리'를 먹어요.
보통 스튜에 찍어 먹지요.

세계인의 절반 가까이가 주식으로 쌀을 먹어요.
특히 아시아인들이 많이 먹지요.

몇몇 종교에서는 먹지 말아야 할 음식을 정해 놓았어요.
특히 인도에서는 많은 사람들이 종교적인 이유로 고기를 먹지 않지요.
대신 맛있는 채소 요리를 먹어요. 그 가운데 유대교와 이슬람교를
믿는 사람들은 돼지고기를 먹지 않아요.

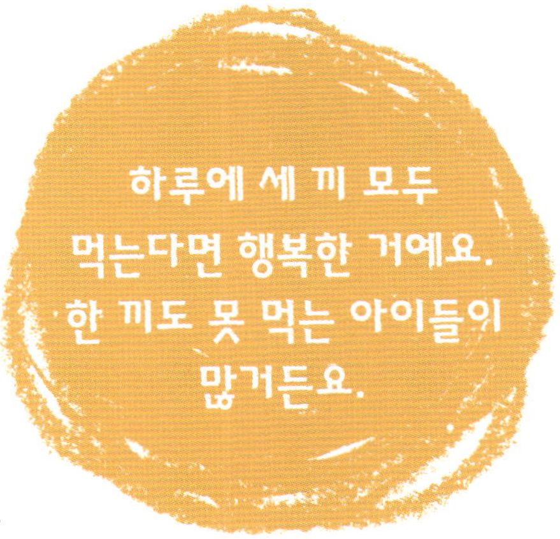

하루에 세 끼 모두
먹는다면 행복한 거예요.
한 끼도 못 먹는 아이들이
많거든요.

# 우리나라에서는 이게 예의야!
## 다른 나라에서 예의를 지키는 방법

무례한 사람이 되지 않으려면 어떻게 해야 할까요?

태국에서는 친하지 않은 사람의 머리를 만지면 무례하다고 생각해요.

한국과 일본에서는 젓가락을 밥그릇에 꽂으면 안 돼요. 죽은 사람에게 제사를 지낼 때 하는 행동이거든요.

이탈리아에서는 스파게티를 잘라 먹지 않아요. 포크로 돌돌 말아서 한입에 쏙 먹어요.

인도, 아프리카 일부 지역과 중동 지역에서는 왼손으로 음식을 먹으면 안 돼요.

이집트에서는 자기 앞에 놓인 음식에 소금을 뿌리면 안 돼요. 음식을 만들어 준 사람을 모욕하는 행동이거든요.

예의가 없어요!

에티오피아에서는 양손으로 음식을 먹어요.
때로는 서로에게 한입씩 먹여 주는 '구르샤'를 해요.
구르샤를 받는 건 영광스러운 일이기 때문에 상대에게
똑같이 해 주어야 해요.

다른 나라에 가기 전,
실례가 되지 않게
그 나라의 예의에 관해
알아보세요.

중국에서는 식사가 끝나면 접시에 음식을 조금 남겨요.
식사를 준비한 사람에게 고마움을 전하며 음식이
배부를 만큼 충분했음을 표현하는 방법이거든요.

인도에서는 자기보다 나이가 많은
사람이 집에 오면 양 손바닥을 맞대고
고개를 숙이며 존경을 표현해요.

아프가니스탄에서는 바닥에
빵을 떨어뜨렸을 때, 주워서
입을 맞춘 뒤 이마에 갖다 댔다가
다시 접시에 놓아요.
음식에 대한 존중의 표현이랍니다.

예의가
발라요!

일본에서는 후루룩 소리를 내며 국수를 먹어요.
음식이 아주 맛있다는 표현이에요.

이탈리아어
"아리베데르치!"

슬로베니아어
"세 비디모!"

덴마크어
"비 세 스나르트!"

말레이어
"줌파 라기!"

또 만나!

우즈베크어
"코리쉬군차!"

자메이카 방언
"리클 뮤리!"

타갈로그어 (필리핀)
"항강 사 물리!"

그리스어
"타 레메 신토마!"

페르시아어
"코다 하페즈!"

노르웨이어
"하 데!"

## 잘 가!

터키어
"귤레 귤레!"

피지어
"모데!"

하와이어
(만날 때 하는 인사도 같아요!)
"알로하!"

불가리아어
"도비쥬다네!"

일본어
"사요나라!"

폴란드어
"도 비제니아!"

벨라루스어
"다 파바첸냐!"

## 이 책에 소개된 나라

가나
과테말라
그리스
나이지리아
남아프리카 공화국
네덜란드
네팔
노르웨이
뉴질랜드
대만
대한민국
덴마크
도미니카 공화국
독일
러시아
루마니아
리투아니아
말라위
말레이시아
멕시코
모로코
모리셔스
몰타
몽골
미국
방글라데시

베네수엘라
베트남
벨라루스
보르네오
보스니아 헤르체고비나
볼리비아
부르키나파소
부탄
불가리아
브라질
사모아
세르비아
스리랑카
스웨덴
스페인
슬로베니아
시리아
싱가포르
아르메니아
아이슬란드
아일랜드
아제르바이잔
아프가니스탄
안도라
알바니아
에스토니아

에티오피아
엘살바도르
영국(잉글랜드, 북아일랜드, 스코틀랜드, 웨일스)
우즈베키스탄
우크라이나
이란
이집트
이탈리아
인도
인도네시아
일본
자메이카
중국
짐바브웨
체코
칠레
캄보디아
캐나다
케냐
코스타리카
콜롬비아
콩고
크로아티아
터키
태국

통가
튀니지
트리니다드 토바고
파키스탄
파푸아 뉴기니
페루
포르투갈
폴란드
프랑스
피지
핀란드
필리핀
하와이
헝가리
호주

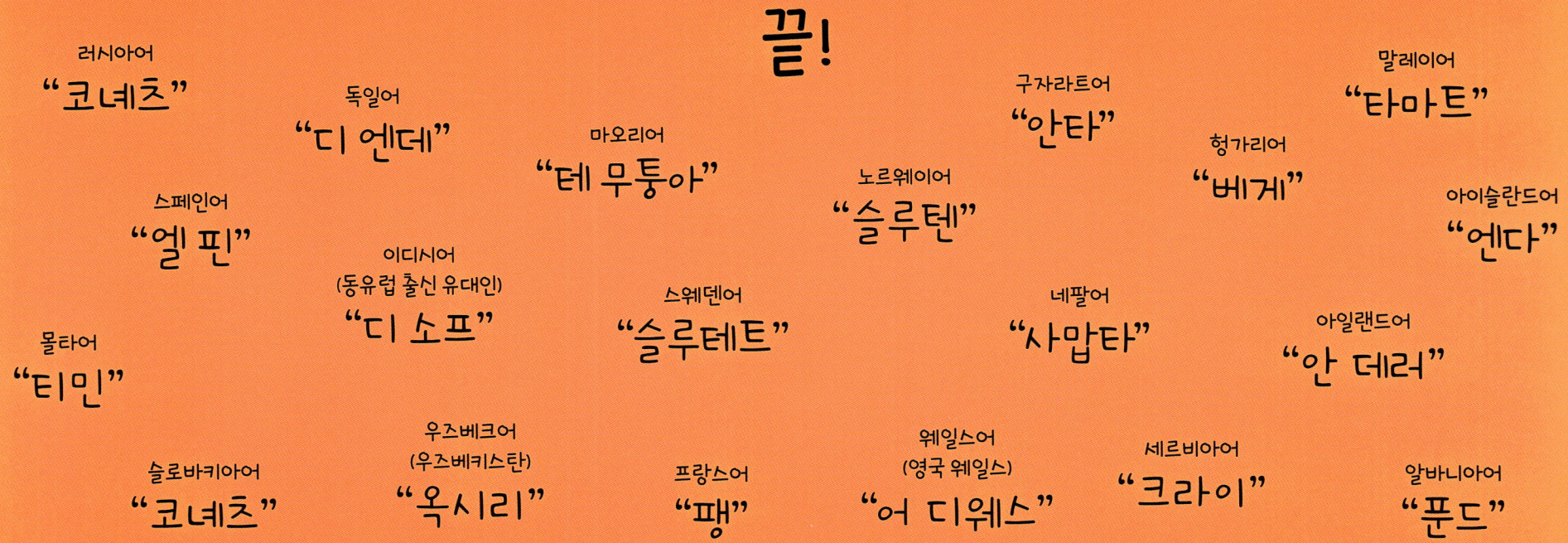